BEI GRIN MACHT SICH IHR WISSEN BEZAHLT

- Wir veröffentlichen Ihre Hausarbeit,
  Bachelor- und Masterarbeit

- Ihr eigenes eBook und Buch -
  weltweit in allen wichtigen Shops

- Verdienen Sie an jedem Verkauf

**Jetzt bei www.GRIN.com hochladen
und kostenlos publizieren**

Bibliografische Information der Deutschen Nationalbibliothek:

Die Deutsche Bibliothek verzeichnet diese Publikation in der Deutschen National-
bibliografie; detaillierte bibliografische Daten sind im Internet über http://dnb.d-
nb.de/ abrufbar.

Impressum:

Copyright © 2017 GRIN Verlag, Open Publishing GmbH
Druck und Bindung: Books on Demand GmbH, Norderstedt Germany
ISBN: 9783668477124

Dieses Buch bei GRIN:

http://www.grin.com/de/e-book/370329/grenzueberschreitendes-e-government-in-
der-eu-am-beispiel-des-schengener

Simon Landmesser

Aus der Reihe: e-fellows.net stipendiaten-wissen

e-fellows.net (Hrsg.)

Band 2408

Grenzüberschreitendes e-Government in der EU am Beispiel des Schengener Informationssystems

GRIN Verlag

GRIN - Your knowledge has value

Der GRIN Verlag publiziert seit 1998 wissenschaftliche Arbeiten von Studenten, Hochschullehrern und anderen Akademikern als eBook und gedrucktes Buch. Die Verlagswebsite www.grin.com ist die ideale Plattform zur Veröffentlichung von Hausarbeiten, Abschlussarbeiten, wissenschaftlichen Aufsätzen, Dissertationen und Fachbüchern.

Besuchen Sie uns im Internet:

http://www.grin.com/

http://www.facebook.com/grincom

http://www.twitter.com/grin_com

Hausarbeit an der Universität Kassel zum Thema

Grenzüberschreitendes e-Government in der EU am Beispiel des Schengener Informationssystems

Verfasser: Simon Landmesser
Datum der Abgabe: 26.05.2017

GLIEDERUNG

Abbildungsverzeichnis

Abkürzungsvereichnis

Art.	Artikel
gem.	gemäß
i.V.m.	in Verbindung mit
SDÜ	Schengener Durchführungsübereinkommen
SIRENE	Supplementary Information Request at the National Entry
SIS	Schengener Informationssystem
SIS I	Schengener Informationssystem erster Generation
SIS II	Schengener Informationssystem zweiter Generation

1. Einleitung

Der Themenkomplex des eGovernment prägt die öffentliche Verwaltung seit Mitte der 90er-Jahre. Verschiedene Initiativen, wie beispielsweise die „Initiative BundOnline 2005", brachten die Thematik dann Anfang der 2000er-Jahre auf die politische Agenda (Hill 2002). Vor dem Hintergrund der zunehmenden Europäisierung und des freien Personen- und Warenverkehrs im Schengen-Raum ergibt sich auch zunehmend die Notwendigkeit der grenzüberschreitenden Vernetzung von Behörden. Mit dem Wegfall der Grenzkontrollen im Schengener Gebiet im Jahr 1995 wurde das Schengener Informationssystem (SIS) als Ausgleichsmaßnahme eingeführt. Dabei handelt es sich um ein elektronisches Fahndungssystem, auf das die Sicherheitsbehörden aller beteiligten Schengen-Staaten Zugriff haben. Zum damaligen Zeitpunkt stellte es „neben dem weltweiten Kommunikationsnetz von Interpol das am weitesten formal ausgearbeitete polizeiliche Kooperationssystem dar. [...] Ihm wird Pilotfunktion für die gesamte europäische Polizeizusammenarbeit auf EDV-Basis zugemessen." (Scheller 1992: 904)

Das SIS als Vorreiter für grenzüberschreitendes eGovernment eignet sich somit in besonderem Maße, um Chancen und Probleme dieses Themenkomplexes aufzuzeigen. So macht die Entwicklung des SIS deutlich, dass eine ständige Anpassung der technischen Gegebenheiten erforderlich ist. Zuletzt wurde daher im Jahr 2013 das SIS der zweiten Generation (SIS II) nach einer zwölfjährigen Planungsphase in Betrieb genommen. Die Entwicklungsphase des SIS II wies dabei Mängel auf, die zu einer erheblichen Zeitverzögerung und Kostensteigerung führte. Am Beispiel der Entwicklung (von der Erkennung der Notwendigkeit bis zur Inbetriebnahme) des SIS II soll daher die Forschungsfrage beantwortet werden, welche Schwierigkeiten sich bei diesem IT-Großprojekt ergeben haben und wie diesen bei künftigen Projekten entgegengewirkt werden kann.

Hierzu soll zunächst das SIS, sowie dessen historische Entwicklung vorgestellt werden. Anschließend wird das Interaktionsstufenmodell vorgesellt, um das SIS nach diesem zu kategorisieren und im späteren Verlauf einen Ausblick hinsichtlich der Interaktionsstufe zu geben. Der Schwerpunkt der Arbeit stellt die Analyse der Problemkreise bei der Entstehung des SIS II dar. Hierbei sollen einerseits die rechtlichen Probleme und andererseits die Kritik an der Projektorganisation durch den Europäischen Rechnungshofes analysiert werden. Die Arbeit schließt mit einem Ausblick auf mögliche Weiterentwicklungen des SIS sowie einem Fazit.

2. Definition und Einordnung des Schengener Informationssystems

2.1 Schengener Informationssystem

Das SIS ist eine elektronische staatenübergreifende Fahndungsdatei, die den europäischen Staaten des Schengen-Raumes die Möglichkeit eröffnet, Personen und Sachen zur Fahndung auszuschreiben sowie einen entsprechenden Fahndungsabgleich durchzuführen. Ein Abgleich von Personen oder Sachen mit dem Fahndungsbestand kann an entsprechenden Datenterminals in Sekundenschnelle vollelektronisch erfolgen. Das Bundesministerium des Innern beschreibt das SIS als „eines der bedeutendsten Instrumente für die polizeiliche Zusammenarbeit in Europa und eine wichtige Ausgleichsmaßnahme für den Wegfall der Personenkontrollen an den Binnengrenzen." (Bundesministerium des Innern 2017)

Fahndungsausschreibungen im SIS können zu folgenden Zwecken erfolgen (Europäische Union 2013: 2):

- Einreiseverweigerung zu Personen, die an der Schengen-Außengrenze zurückgewiesen werden sollen;

- Aufenthaltsermittlungen und Festnahmen für Strafverfolgungs- und Justizbehörden;

- Fahndung nach Vermissten;

- Auffinden gestohlenen oder verlorenen Eigentums.

Grundlage für die Einrichtung des SIS waren das Schengener Übereinkommen von 1985 sowie das Schengener Durchführungsübereinkommen (SDÜ) aus dem Jahr 1990. Mit Gründung des Schengen-Raumes ging das SIS im Jahr 1995 in Betrieb.

Der technische Aufbau des SIS ist in Art. 92 SDÜ geregelt. Technisch besteht das SIS aus drei Komponenten. Einerseits hat jedes Land einen nationalen Teil, das sogenannte „N.SIS", für dessen Errichtung und Betrieb das jeweilige Land selbst verantwortlich ist (Art. 92 Abs. 2 SDÜ). Alle nationalen Teile werden mit der zentralen technischen Unterstützungseinheit abgeglichen, dem sogenannten „C.SIS", so ist gewährleistet, dass alle nationalen Dateien einen identischen Bestand aufweisen (Art. 92 Abs. 2 u. 3 SDÜ). Die zentrale Unterstützungseinheit ist räumlich in Frankreich angesiedelt, die Kosten werden jedoch von allen Schengen-Staaten getragen (Art. 92 Abs. 3 SDÜ). Ansprechpartner in den jeweiligen Ländern sind die nationalen SIRENE-Büros (Supplementary Information Request at the National Entry), welche ständig erreichbar sind. Die SIRENE-Büros sind die dritte Komponente. Über sie können weitergehende Informationen zu bestehenden Ausschreibungen angefordert und ausgetauscht werden (Europäischer Rat 2003: 4f.).

2.2 Interaktionsstufenmodell

Zur Kategorisierung der verschiedenen Ausbaustufen von eGovernment-Anwendungen kann das Interaktionsstufenmodell herangezogen werden. Dabei wird die jeweilige eGovernment-Anwendung nach dem Grad der Interaktion kategorisiert. Der Umsetzungsplan für die eGovernment-Initiative BundOnline 2005 des Bundesministeriums des Innern unterscheidet die drei verschiedenen Interaktionsstufen der Information, Kommunikation und Transaktion (Bundesministerium des Innern 2001: 19). Zur niedrigsten Stufe der Information zählen eGovernment-Anwendungen, die lediglich Informationen auf elektronischem Weg zur Verfügung stellen, wie beispielsweise Behördenwebseiten. Auf der Interaktionsstufe der Kommunikation wird die Möglichkeit eröffnet, auf elektronischem Weg mit der Behörde in einen Austausch zu treten. Die Stufe der Transaktion eröffnet darüber hinaus die Möglichkeit ein Verfahren auf elektronischem Weg einzuleiten.

Einige Autoren[1] unterscheiden darüber hinaus noch weitere Interaktionsstufen. Wirtz/Daiser (2015) ergänzen die drei bereits genannten Stufen um die Interaktionsstufe der Partizipation und der Integration. Wie sich bereits aus dem Wortlaut ergibt, wird der Nutzer bei der Partizipationsstufe aktiv in den Verwaltungsprozess eingebunden. Die höchste Stufe bei Wirtz/Daiser stellt die Integration dar, hier erfolgt der gesamte Verwaltungsprozess medienbruchfrei, sowohl hinsichtlich der externen, als auch der internen Vorgänge. Auch zwischen Behörden erfolgt hier Kommunikation ausschließlich auf elektronischem Weg (Wirtz/Daiser 2015: 142f.).

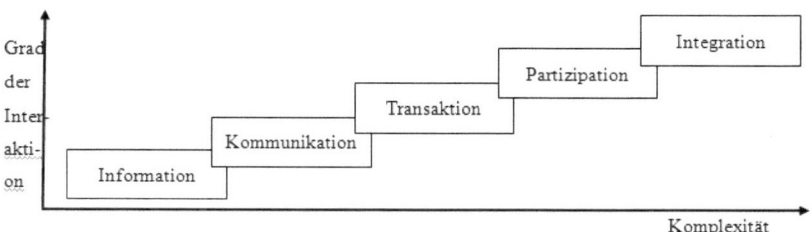

Abbildung 1: Entwicklungsstufen von eGovernment (nach Wirtz/Daiser 2015: 149).

Im Folgenden soll nun das SIS nach dem Interaktionsstufenmodell kategorisiert werden. Hierbei ist festzustellen, dass sowohl das SIS I als auch das SIS II derselben Interaktionsstufe zuzuordnen sind. Entgegen dem Namen des SIS ist dieses nicht der Interaktionsstufe der Information zuzuordnen, sondern der nächsthöheren Stufe der Kommunikation. So erfolgt

---

[1] Aus Gründen der besseren Lesbarkeit wird im weiteren Verlauf auf die Formulierung der weiblichen Form verzichtet, die Verwendung der männlichen Form soll als geschlechtsunabhängig gelten.

durch den fahndungsmäßigen Abgleich von Personen- oder Sachdaten zunächst lediglich eine Abfrage des vorliegenden Datenbestandes. Dieser erste Schritt ist die Interaktionsstufe der Information. Als nächster Schritt erfolgt jedoch in der Regel eine Kommunikation über das nationale SIRENE-Büro. Das SIS verfügt für die Kommunikation zwischen den SIRENE-Büros der Schengen-Staaten über ein eigenes Kommunikationssystem (Europäische Union 2003: 8) und ist somit der Interaktionsstufe der Kommunikation zuzuordnen. Insbesondere bei Einführung des SIS I handelte es sich hierbei um ein vergleichsweise fortschrittliches elektronisches Verfahren.

3. Entwicklung des Schengener Informationssystems

3.1 Vom SIS I zum SIS II

Wie bereits zuvor beschrieben sind die Grundlage für das SIS das Schengener Übereinkommen und das Schengener Durchführungsübereinkommen. Im Jahr 1995 ging die erste Version des SIS in Betrieb, das sogenannte SIS I. Bereits ein Jahr nach Inbetriebnahme wurde beschlossen, das SIS II zu entwickeln. Die Aufgabe zur Entwicklung des SIS II wurde im Jahr 2001 durch den Europäischen Rat an die Europäische Kommission übertragen (Stämpfli 2009: 60). „Der Hauptgrund für die Entwicklung des SIS II bestand darin, nach der Erweiterung der Europäischen Union im Jahr 2004 die gestiegene Zahl der Mitgliedsländer an das System anzuschließen. Darüber hinaus sollte das SIS II dem neuesten technischen Entwicklungsstand entsprechen und zusätzliche Funktionen umfassen." (Europäischer Rechnungshof 2014: 8)

Während das SIS II entwickelt wurde, ist parallel das SIS I ebenfalls den mit der Zeit wachsenden Anforderungen angepasst worden. Dies war insbesondere dadurch bedingt, dass das SIS II nach der ursprünglichen Planung im Jahr 2006 das SIS I ablösen sollte, es jedoch zu erheblichen Verzögerungen kam und das SIS II schließlich erst 2013 in Betrieb genommen werden konnte. Deshalb wurde das SIS I stetig weiterentwickelt (Europäischer Rechnungshof 2014: 43):

Zeitpunkt	Bezeichnung	Technische Veränderung
1995	SIS I	Inbetriebnahme
2001	SIS I+	Integration der nordischen Schengen-Länder (Dänemark, Finnland, Island, Norwegen, Schweden)
2006	SIS I+R	Hardwareerneuerung
2007	SISone4all	Flexible Aufnahme neuer Mitgliedsstaaten
2011	SIS I+R2	Umprogrammierung in Java

6

Tabelle 1: Entwicklung des SIS I

Das 2013 in Betrieb genommene SIS II bietet im Vergleich zum SIS I folgende wesentliche Vorteile/Neuerungen:

- höhere Kapazitäten, von bis zu 100 Millionen Ausschreibungen (Europäischer Rechnungshof 2013: 23);

- geringere Änderungskosten bei der Erweiterung des Schengen-Raumes (Schindehütte 2013: 181);

- Möglichkeit der Speicherung und des Abgleiches von Fingerabdruckdaten und Lichtbildern (Art. 20 Abs. 3 e,f Verordnung (EG) Nr. 1987/2006).

Darüber hinaus wurden noch etliche weitere kleinere Änderungen vorgenommen, die an dieser Stelle aufgrund des begrenzten Umfangs der Arbeit nicht weiter erläutert werden können.[2]

3.2 Problemkreise beim Aufbau des SIS

3.2.1 Rechtliche Probleme

Bereits bei Inbetriebnahme des SIS wurde die Rechtslage im Falle einer Ausschreibung zur Festnahme kritisiert. So obliegt es im internationalen Rechtshilfeverfahren normalerweise dem ersuchten Staat, die ersuchte Maßnahme auf Rechtmäßigkeit zu überprüfen. Da im SIS I zunächst nur personenbezogene Daten und der Ausschreibungsgrund vermerkt waren, war eine rechtliche Prüfung durch den ersuchten Staat zunächst faktisch nicht möglich. Gemäß Art. 95 SDÜ wird die Prüfung der Rechtmäßigkeit auf den ersuchenden Staat vorverlagert (Scheller 1992: 905f.). Ob ein ersuchender Staat dazu in der Lage ist, eine Rechtmäßigkeitsprüfung einer Maßnahme für alle beteiligten Schengen-Staaten nach jeweils geltendem nationalen Recht durchzuführen, ist höchst zweifelhaft. Hier wurde durch das SIS II zumindest für eine Ausschreibung mit Europäischen Haftbefehl die technische Möglichkeit und rechtliche Pflicht geschaffen, diesen als Bilddatei an die Ausschreibung anzufügen, somit ist eine rechtliche Prüfung durch den ersuchten Staat auch faktisch möglich (Art. 27 Ratsbeschluss SIS II).

Eine weitere Ausschreibungsart, die rechtlich kritisiert wird, ist die verdeckte Registrierung nach Art. 99 SDÜ. Hier soll die Ausschreibung „nach Maßgabe des nationalen Rechts des ausschreibenden Mitgliedstaats zur verdeckten Registrierung oder zur gezielten Kontrolle" (Art. 99 Abs. 1 SDÜ) erfolgen. Eine Prüfung des nationalen Rechts der ersuchten Staaten ist somit durch den ersuchenden Staat, anders als bei der Ausschreibung zur Festnahme, nicht erforderlich. Allerdings hat jeder Schengen-Staat gem. Art. 99 Abs. 6 SDÜ die Möglichkeit,

---

[2] Für weitere Details siehe insbesondere Verordnung (EG) Nr. 1987/2006.

die Ausschreibung im N.SIS so zu kennzeichnen, dass keine Maßnahmen ergriffen werden. Rechtlich gesehen ist also eine Rechtmäßigkeitsprüfung durch alle ersuchten Schengen-Staaten vorgesehen. Da jedoch, anders als bei der Ausschreibung zur Festnahme, keine weiterführenden Informationen über den Hintergrund der Ausschreibung zur verdeckten Registrierung übermittelt werden, ist eine rechtliche Bewertung faktisch nicht möglich (Scheller 1992: 907; Stämpfli 2009: 283f.). Eine umfassende rechtliche Überprüfung von Schindehütte (2013: 123-180) kommt unter anderem aus diesem Grund zum Ergebnis, „dass die strafprozessuale Kombinationsnorm [des Art. 99 SDÜ] unter verschiedenen Gesichtspunkten gegen Art. 8 GR-Charta verstößt. Durchgreifende Bedenken bestehen hinsichtlich der Erforderlichkeit, der Angemessenheit, der Bestimmtheit sowie der Zulässigkeit der Koppelung von Zwecken." (Schindehütte 2013: 180)

Weiterhin wird in der Literatur diskutiert, ob die Art der Beteiligung des Bundestages bei der Ratifizierung des SDÜ zu einer mangelhaften demokratischen Legitimierung des SIS führte (Schindehütte 2013: 91). Der Bundestag hat dem SDÜ am 17. Juni 1993 zugestimmt (Deutscher Bundestag 1993: 14029). Kritisiert wird dabei unter anderem die mangelnde Information des Bundestages durch die Exekutive sowie der weitest gehende Ausschluss der Öffentlichkeit bei den Verhandlungen zum SDÜ (Schindehütte 2013: 91). Schindehütte kommt allerdings zum Ergebnis, dass trotz eines vorliegenden Demokratiedefizites das Demokratieprinzip bei Verabschiedung des Zustimmungsgesetzes zum SDÜ nicht verletzt wurde (ebd.: 110).

In der Anfangsphase der Entwicklung des SIS II wurde die fehlende Beteiligung des Europäischen Parlaments kritisiert. Die ehemalige Bundesjustizministerin Leutheusser-Schnarrenberger befürchtete daher die „[u]ferlose Aufrüstung des Schengener Informationssystems" (Leutheusser-Schnarrenberger 2004: 98). Durch die EU-Verordnung aus dem Jahr 2006 (Verordnung (EG) Nr. 1987/2006) können zumindest die Bedenken zur demokratischen Legitimierung der Entwicklung des SIS II größtenteils aufgehoben werden. Leutheusser-Schnarrenbergers Befürchtungen, dass das SIS II weit über den eigentlichen Zweck, nämlich der Ausgleichsmaßnahme des Wegfalls der Binnengrenzkontrollen, hinausgehen wird (Leutheusser-Schnarrenberger 2004: 99f.), können aus heutiger Sicht zu weiten Teilen widerlegt werden. So wurden beispielsweise die geplante europaweite Rasterfahndung (ebd.: 100) und die Erfassung aller Drittausländer, die sich im Schengen-Gebiet aufhalten (ebd.: 99) nicht umgesetzt.

Die Befassung mit den rechtlichen Problemen zeigt auf, dass einige juristische Teilbereiche nicht abschließend geklärt sind. An einigen Stellen entsteht der Eindruck, dass der

Gesetzgeber inkonsequent und praxisfern gearbeitet hat, sodass hier noch Regelungsbedarf besteht. Es wird deutlich, dass die Schaffung rechtlicher Voraussetzungen mit dem Aufbau technischer Fähigkeiten einhergehen muss. Auch die anfangs fehlende demokratische Einbindung des Europäischen Parlamentes bei der Entwicklung des SIS II sollte zum Anlass genommen werden, bei künftigen vergleichbaren Projekten oder einer Weiterentwicklung des SIS, dieses frühzeitig einzubinden und während des gesamten Entwicklungsverlaufes zu beteiligen, um den Vorwurf des Demokratiedefizits nicht aufkommen zu lassen.

3.2.2 Kritik des Europäischen Rechnungshofes

Neben den rechtlichen Problemen wurden bei der Entwicklung des SIS II verschiedene Fehler gemacht, die an dieser Stelle zum Anlass genommen werden sollen, um Verbesserungspotential für vergleichbare europäische eGovernment-Projekte zu identifizieren.

Bereits der Blick auf den zeitlichen Ablauf der Entwicklung des SIS II macht deutlich, dass dabei einige Herausforderungen entstanden sind sowie Fehlplanungen gemacht wurden. So sollte das SIS II ursprünglich bereits im Jahr 2006, nach einer fünfjährigen Entwicklungsphase, in Betrieb genommen werden. Der Start verzögerte sich schließlich um fast sieben Jahre (Europäischer Rechnungshof 2014: 39). Auch die Finanzplanung scheint mangelhaft gewesen zu sein. So schätzte der Europäische Rat die Kosten anfangs auf 14,6 Millionen Euro, im Ergebnis kostete die Entwicklung des SIS II hingegen 188,9 Millionen Euro (ebd.: 24). Eine umfassende Prüfung des Projektes durch den Europäischen Rechnungshof (2014) stellte verschiedene Probleme fest, die zu den erheblichen Abweichungen vom Finanz- und Kostenplan führten.

Zur Analyse, in welchen Phasen des Projektes der Entwicklung des SIS II Mängel bestanden, wird der stark vereinfachte Lebenszyklus-Ansatz des amerikanischen Projektmanagementstandards PMBOK (A Guide to the Project Management Body of Knowledge) herangezogen. Dabei handelt es sich um einen anerkannten Projektmanagementstandard. Ein Projekt wird danach in vier Phasen unterteilt, welche ständig kontrolliert werden und in die gegebenenfalls steuernd eingegriffen wird (Project Management Institute 2013: 38-46). Ein Projekt kann auch aus mehreren Projektphasen bestehen, die jeweils einen eigenen Lebenszyklus umfassen.

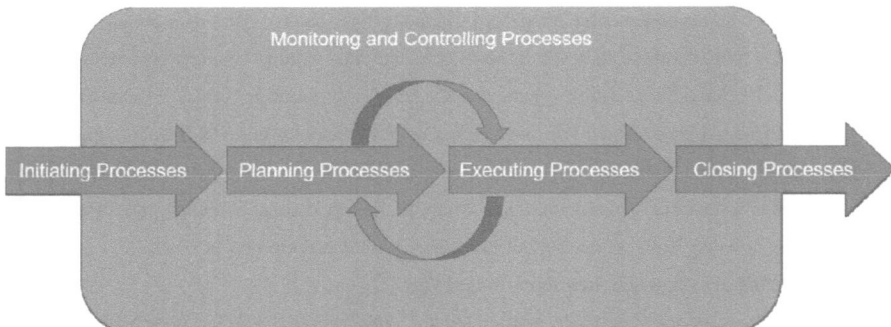

Abbildung 2: Lebenszyklus eines einzelnen Projektes nach PMBOK (Projekt Management Institute 2013.: 42).

Als Hauptgrund für die zeitliche Verzögerung bei der Entwicklung des SIS II wurde der Mangel an Fachwissen zur wirksamen Überwachung der abgeschlossenen Verträge genannt (siehe Abbildung 3). So bestand das SIS-II-Projektteam anfangs aus nur vier Mitarbeitern. Hauptaufgaben des Projektteams waren die Vergabe und Überwachung des Auftrages zur technischen Entwicklung des SIS II. Im weiteren Verlauf wurde das Projektteam schrittweise vergrößert, bis es in der Schlussphase auf 17 Mitarbeiter angewachsen ist (Europäischer Rechnungshof 2014: 14). Somit war bereits eine präzise Festlegung der Anforderungen im Rahmen der Planungsprozesse aufgrund mangelnden Fachwissens nicht möglich. Dieser Mangel an Fachwissen und Personal verhinderte dann auch eine wirksame Überwachung des Projektfortschrittes des Auftragnehmers[3]. Auch die ursprünglich gesetzte Frist durch den Rat der Europäischen Union bei der Einleitung des Projektes basierte auf unrealistischen Annahmen.

---

[3] Auftragnehmer für die Entwicklung des SIS II war ein Konsortium aus Hewlett-Packard und Steria (Europäischer Rechnungshof 2014: 4).

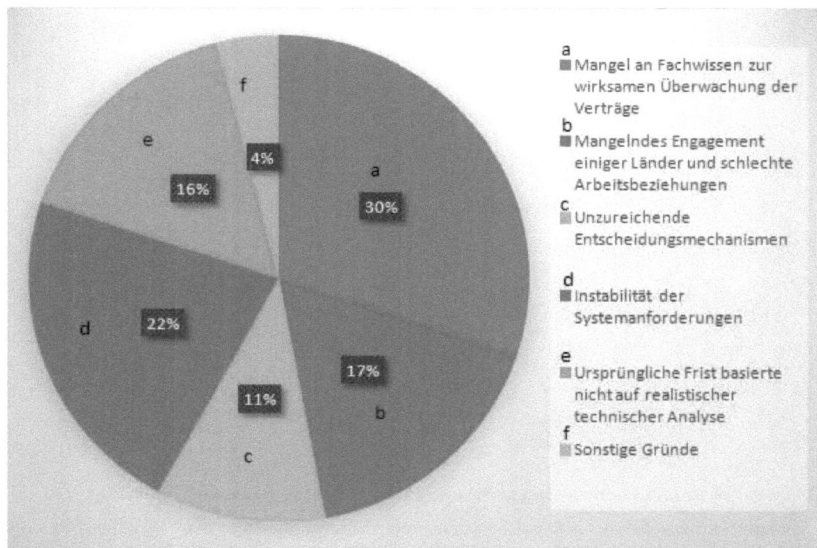

Abbildung 3: Gründe für die Verzögerungen bei der Entwicklung des SIS II (nach Europäischer Rechnungshof 2014: 13).

Hauptursache für den immensen Kostenanstieg ist die deutlich längere Projektdauer. Die Projektdauer bezog sich hauptsächlich auf die Planungs- und Ausführungsphase. So führte beispielsweise das Ausschreibungsverfahren zur Klage eines Mitbewerbers, was den Beginn der Ausführungsphase verzögerte. „Diese anfängliche Verzögerung war eine Folge der Methode, mit der die Kommission die Angebote bewertete und bei der nicht überzeugend aufgezeigt wurde, dass das beste Angebot den Zuschlag erhalten hatte [...]." (ebd.: 15). Während der Ausführungsphase änderten sich die Anforderungen an das System, zum Beispiel hinsichtlich der Kapazität und der Möglichkeit der Aufnahme weiterer Mitgliedsstaaten (ebd.: 27-29). Auch dies ist ein Hinweis auf eine mangelhafte Planungsphase hinsichtlich des Anforderungsprofils. Das Budget war allerdings bereits zu Beginn zu gering angesetzt, Grund hierfür ist die unrealistische Analyse im Rahmen der Einleitungsphase.

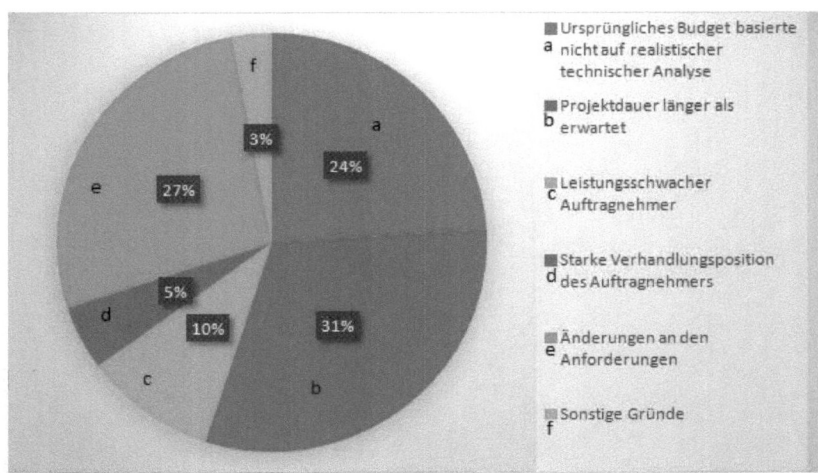

Abbildung 4: Gründe für den Kostenanstieg beim zentralen SIS II (nach Europäischer Rechnungshof 2014: 26).

Die bislang aufgeführten Mängel stellen nur einen Auszug der Gründe für die Kostensteigerung und Zeitverzögerung dar, die der Europäische Rechnungshof identifizierte. Die Hauptursachen zeigen auf, dass die Wurzeln für die Kostensteigerung und Zeitverzögerung schwerpunktmäßig in der Projekteinleitungs- und Planungsphase liegen. So hätten eine umfassendere Durchführbarkeitsstudie und Anforderungsanalyse zum Ergebnis kommen müssen, dass das Projekt höhere Kosten verursachen wird, mehr Projektmitarbeiter erforderlich sind und höhere Anforderungen an das System gestellt werden. Insbesondere die mangelhafte Personalbedarfserhebung führte zu einer Verkettung von Missständen, die die Einführung des SIS II erheblich verzögerte und dadurch gleichzeitig die Projektkosten steigerte. Die Kommission hätte daher frühzeitig einschreiten und den Rat der Europäischen Union auf die unrealistischen Analysen aufmerksam machen müssen.

4. Ausblick und Weiterentwicklung des SIS

Aktuell sind keine Planungen bekannt, die eine Veränderung des SIS beinhalten. Vor dem Hintergrund des sich stetig weiterentwickelnden EU- und Schengen-Rechts, den fortschreitenden technischen Entwicklungen sowie der aktuellen sicherheitspolitischen Lage in Europa wird es allerdings nur eine Frage der Zeit sein, bis auch das SIS II erneut überarbeitet wird.

Hinsichtlich der Interaktionsstufe des SIS wäre denkbar, dieses in einem ersten Schritt auf die Stufe der Transaktion zu heben. So hat jede Person gem. Art. 109 i.V.m. Art. 114 SDÜ das Recht, eine Auskunft über die über sich gespeicherten Informationen im SIS zu erhalten. Momentan muss diese Auskunft schriftlich beantragt werden. Dies könnte in Zukunft elektronisch erfolgen. Eine zweifelsfreie elektronische Identifizierung der beantragenden Person, beispielsweise über die elektronische Ausweisfunktion des neuen Personalausweises, wäre hierfür die Voraussetzung.

Im Rahmen einer Überarbeitung des SIS wäre es weiterhin sinnvoll, die zuvor festgestellten rechtlichen Mängel zu beseitigen. Hierzu wäre es sinnvoll, für jede Ausschreibung zur Festnahme einen digitalen Haftbefehl direkt abrufbar zu machen. Dadurch würde die Problematik ausbleiben, dass zwischen dem Erkennen der Ausschreibung zur Festnahme und der Übersendung des Haftbefehls über die SIRENE-Büros eine rechtliche Lücke entsteht. Weiterhin könnten weitergehende Informationen bei einer Ausschreibung zur verdeckten Registrierung hinzugefügt werden, um dem ersuchten Staat die faktische Möglichkeit zur rechtlichen Prüfung nach nationalem Recht zu geben.

Darüber hinaus sind die Möglichkeiten der Verknüpfung des SIS mit anderen Dateien, Fahndungsmitteln oder technischen Hilfsmitteln fast grenzenlos. So befindet sich aktuell ein Gesetz kurz vor der Verabschiedung, welches unter bestimmten Voraussetzungen der Bundespolizei eine automatische Kennzeichenerfassung von Fahrzeugen ermöglicht. Die neu zu schaffende Rechtsnorm ermöglicht auch einen automatischen Fahndungsabgleich mit dem Bestand im SIS (Deutscher Bundestag 2017: 8). Wie weit die Verknüpfung und Nutzung des SIS in der Zukunft gehen kann und darf bleibt im Einzelfall zu prüfen. Insbesondere sind hier zunächst stets die rechtlichen Voraussetzungen im Lichte der Persönlichkeitsrechte der Bürger zu prüfen.

5. Fazit

Im Rahmen der Arbeit konnte gezeigt werden, dass das SIS ein Vorreiter des europäischen eGovernment darstellt. Als grenzüberschreitendes Fahndungssystem mit der Möglichkeit der Rückkopplung über die nationalen SIRENE-Büros ist es der Interaktionsstufe der Kommunikation zuzuordnen.

Es konnten verschiedene rechtliche Probleme identifiziert werden. So bestehen rechtliche Bedenken hinsichtlich der Vollstreckung von Haftbefehlen. Abhilfe könnte hier die elektronische Verfügbarkeit des Haftbefehls im SIS schaffen. Die Ausschreibung zur verdeckten Registrierung scheint nach aktueller Rechtslage gegen die Grundrechte-Charta zu verstoßen. Problematisch hierbei sind insbesondere die im SIS fehlenden Informationen über den Grund der Maßnahme. Die Bedenken, die von verschiedenen Seiten geäußert werden, könnten durch eine Novellierung der Rechtsgrundlagen und Anpassung der technischen Gegebenheiten weitestgehend ausgeräumt werden.

Die Analyse der Entwicklung des SIS II macht deutlich, dass bei diesem IT-Großprojekt einige Missstände vorlagen, die zu einer Verkettung von Problemen führten. Dies bedingte eine erhebliche Kostensteigerung und Zeitverzögerung. Gründe hierfür lagen insbesondere in einer mangelhaften Projektplanung. Dabei wurden durch den Rat der Europäischen Union unrealistische Kosten- und Zeitpläne aufgestellt, die die Kommission weitestgehend übernommen haben. Das Hauptproblem war dabei die schlechte Personalplanung. Der Mangel an Personal und Fachwissen führte schließlich zu massiven Problemen in der Projektdurchführung. Die erkannten Probleme bei der Entwicklung des SIS II machen deutlich, dass bei künftigen vergleichbaren IT-Projekten der Schwerpunkt bereits auf die Projektplanung gelegt werden muss, um einen Projekterfolg zu gewährleisten. Auch ein ständiger Soll-Ist-Abgleich ist notwendig, um ein Abweichen vom ursprünglichen Projektplan frühzeitig zu erkennen und steuernd eingreifen zu können.

Wie sich das SIS in den nächsten Jahren weiterentwickeln wird, ist momentan noch offen. Aktuelle Gesetzesänderungen und die sicherheitspolitische Lage deuten allerdings darauf hin, dass die Funktionen des SIS weiter ausgeweitet werden. Im Rahmen weiterer notwendiger technischer Anpassungen sollte die Fehleranalyse des Europäischen Rechnungshofes zur Verbesserung herangezogen werden.

Literaturverzeichnis

Bundesministerium des Innern (Hrsg.) (2001): BundOnline 2005 - Umsetzungsplan für die eGovernment-Initiative, Berlin.

Bundesministerium des Innern (Hrsg.) (2017): Schengener Informationssystem, Onlinequelle: http://www.bmi.bund.de/DE/Themen/Sicherheit/Internationale-Zusammenarbeit/Schengener-Informationssystem/schengener-informationssystem_node.html (Abrufdatum: 08.05.2017).

Deutscher Bundestag (Hrsg.) (1993): Plenarprotokoll 12/163 vom 17. Juni 1993, Bonn.

Deutscher Bundestag (Hrsg.) (2017): Gesetzentwurf der Bundesregierung: Entwurf eines Gesetzes zur Verbesserung der Fahndung bei besonderen Gefahrenlagen und zum Schutz von Beamtinnen und Beamten der Bundespolizei durch den Einsatz von mobiler Videotechnik, Drucksache 18/10939 vom 23.01.2017, Berlin.

Europäische Union (Hrsg.) (2001): Verordnung (EG) Nr. 2424/2001 über die Entwicklung des Schengener Informationssystems der zweiten Generation (SIS II), 06.12.2001, Amtsblatt der Europäischen Union.

Europäische Union (Hrsg.) (2003): SIRENE-Handbuch, 2003/C38/01, 17.02.2003, Amtsblatt der Europäischen Union.

Europäische Union (Hrsg.) (2006): Verordnung (EG) Nr. 1987/2006 über die Einrichtung, den Betrieb und die Nutzung des Schengener Informationssystems der zweiten Generation (SIS II), 20.12.2006, Amtsblatt der Europäischen Union.

Europäische Union (Hrsg.) (2013): SIS II - Schengener Informationssystem II, Onlinequelle: http://www.bmi.bund.de/SharedDocs/Downloads/DE/Themen/Sicherheit/schengener-informationssystem.pdf?__blob=publicationFile (Abrufdatum: 08.05.2017).

Europäischer Rechnungshof (Hrsg.) (2014): Sonderbericht: Erkenntnisse aus der Entwicklung des Schengener Informationssystems der zweiten Generation (SIS II) durch die Europäische Kommission, Sonderbericht Nr. 03/2014, Luxemburg.

Hill, Hermann (2002): Electronic Government - Strategie zur Modernisierung von Staat und Verwaltung, 23.09.2002, Onlinequelle: http://www.bpb.de/apuz/26703/electronic-government?p=all (Abrufdatum: 09.05.2017).

Leutheusser-Schnarrenberger (2004): Ein System gerät außer Kontrolle: Das Schengener Informationssystem, in: Zeitschrift für Rechtspolitik 4: 97-101.

Project Management Institute (Hrsg.) (2013): A Guide to the Project Management Body of Knowledge, 5. Auflage, Pennsylvania: Project Management Institute.

Schindehütte, Alexandra (2013): Das Schengener Informationssystem -unter besonderer Berücksichtigung der Vereinbarkeit einer verdeckten Registrierung nach Art. 99 SDÜ mit Art.

8 der Charta der Grundrechte der Europäischen Union, Göttingen, Onlinequelle: https://ediss.uni-goettingen.de/bitstream/handle/11858/00-1735-0000-0001-BC1D-C/Diss-Schindehuette.pdf?sequence=1 (Abrufdatum: 11.05.2017).

Stämpfli, Sandra (2009): Das Schengener Informationssystem und das Recht der informationellen Selbstbestimmung, Bern: Stämpfli Verlag AG Bern.

Scheller, Susanne M. (1992): Das Schengener Informationssystem - Rechtshilfeersuchen „per Computer", in: Juristenzeitung 47: 904-911.